INTRODUCTION

　僕がキャンプ料理に目覚めたのは、22歳の夏。公園で、はじめてBBQを体験したんですね。そのとき、「外でお酒を飲んでごはんを食べるのって、なんて美味しくて楽しいんだ!」と衝撃を受けて。もっと外でごはんを食べたい、秋もやりたい、冬もやりたいってBBQ熱がヒートアップしていくうちに、徐々につきあってくれる人が減っていき（笑）、ひとりでもキャンプに行くようになりました。
　普段は「うしろシティ」というお笑いコンビとしてテレビに出たり舞台に立ったりしていますが、それ以外の時間はずっと、キャンプのことを考えています。いや、仕事中もちょっとキャンプが入ってきてるかもしれない（笑）。合間の移動時間に海外の動画を見て「北欧ではこういうキャンプをしてるのか」とか「アジアではこんな道具で火をおこしてるんだ」なんて知識を蓄えて。アウトドアに目覚めてから13年ほど経った今では、人工的な道具を最低限に抑えて、自然の素材を最大限利用する「ブッシュクラフト」というスタイルのキャンプを楽しんでいます。手で生み出せるものはできるだけ買わずに、食器やスプーンも木から削り出したり、火打ち石で火をおこしたり…いやもう、タダのオタクだと思ってください、ほんとに（笑）。
　今でこそ「ブッシュクラフトキャンプ」だったり、季節ごとにも「秋キャンプ」「冬キャンプ」なんて名前がつく時代になっ

たけれど、22歳の頃はそんなネーミングはなかったし、キャンプだとかBBQだとか、それ自体も何も意識していませんでした。ただただ、外でごはんを食べたい一心。今もその気持ちは変わらず、僕のキャンプのすべてはごはんのためにあります。始めた頃と違うのは、食材を自分で調達するようになったところ。土筆や筍や栗など、その場で採れたものをもとに料理を考えるし、釣りもキャッチ・アンド・リリースには興味がなくて、釣ったら食べたい。手に入れた食材を前に「どうやったら一番美味しく食べられるだろう？」と試行錯誤する時間が楽しくて、気づけばレシピは膨大な量になっていきました。そこには20歳から6年ほど、創作和食のお店で修業した経験も役立っています。

　この本では、そうやって考案した数百のレシピの中から、とっておきの52品を掲載しています。セレクトの一番の基準は、簡単なこと。初心者の人でも気にするところがないくらい、作りやすいメニューを厳選しました。ぶっちゃけた話、料理って面倒臭いものは作らなくなりますよね？　ましてや外でのごはんだし。だから挟んで焼くだけ、ジップロックの中で混ぜておくだけ、みたいな超お手軽なものや、調味料も、醤油や塩、焼肉のたれなど、家にあるものをそのまま持ち出して作れる料理を数多く載せています。BBQ用に凝った調味料を買っても、

INTRODUCTION

たいがい使い切れないですから。そんなレシピなので、家でも作りやすいものばかりです。

　それでいてこの52品は、みんなにわーっと喜んでもらえる料理でもあります。「リガトーニ」とか「ラタトゥイユ」とか、「こんなのキャンプで作るの？」って言われるんですよ。でも「リガトーニ」はほぼ炒めるだけ、「ラタトゥイユ」はほぼ煮るだけですから（笑）。なのに「はい、ラタトゥイユだよ」ってみんなに出したときの驚きたるや。「ウマッ!!!」と叫ばれたときの快感たるや。この本を手に取ってくれたみなさんも、「ウマッ!!!」の叫びが聞けるはずです。子供に「美味しい、お父さん！」って喜んでもらえて、

尊敬もされてしまう。作るのは簡単なのに。そう、これはローリスク・ハイリターンな本なんです（笑）。

　だれかに振る舞うなら、家で一回試してみるのもいいと思います。ただ、楽しい時間のためにある料理だから、ぜひ気楽に、肩の力を抜いて作ってほしい。レシピをさっと見てざっくり作っても、味見をしながらやれば大幅に味が外れることはないし、万が一失敗したとしても、それはそれで笑えますから。アウトドアにおいて失敗はいい思い出になるし、それこそが、キャンプ料理のいいところ。「美味しそう！」「食べてみたい！」というシンプルな気持ちで、料理を楽しんでもらえたらと思います。

CONTENTS

Introduction
~キャンプ料理のススメ　　002

Recipe

春レシピ

鯛のアクアパッツァ	014
初鰹の焚火たたき	016
グリルハーブチキン	018
まるごと新玉のバター醤油焼き	019
山菜天ぷら	020
フキと新じゃがのコンソメスープ	022
春野菜のホットサラダ	024
焼き筍	026
こごみのマリネ	027
シラスとホタルイカのサラダ	028
鯵なめろうの磯辺巻	029
コンビーフコールスローサンド	030
バノック	032
いちごのパンケーキ	034

夏レシピ

牛ステーキのクレソンソース	038
ローストポーク	040
パプリカとクリームチーズの豚巻き	042
夏野菜の塩昆布炒め	044
枝豆ととうもろこしのホイル焼き	046
ズッキーニのとろとろチーズ	048
ソラマメのラタトゥイユ	050
ツナとじゃがいものアンチョビ和え	052
梅ごま油の冷奴	053
青唐辛子の味噌マヨ和え	054
アボカドとプチトマトの簡単浅漬け	055
ガーリック焼きそば	056

Column

Column 1	炭火のおこし方	008
Column 2	キャンプ料理の基本アイテム	010
Column 3	焚火のススメ	108

ASUWA'S BASIC

味見は2回でワンセット	036
アウトドアでコーヒーを！	058
ごはんを炊こう	073

- 大さじ1は15cc、小さじ1は5ccです。
- 1カップは200ccです。
- レシピは基本2人分です。
- 鍋の大きさや材料、気温によって熱の伝わり方や水分の蒸発の仕方などに差が出ますので、都度調整してください。
- 調理時間に下準備は含まれません。

秋レシピ

ナスの器のミートソース	060
牛すね肉の赤ワイン煮込み	062
鶏肉とかぼちゃのバター炒め	064
エビとマッシュルームのクミン炒め	066
鯖缶アクアパッツァ	068
焼き秋刀魚 イタリアンソース	070
銀杏ガーリック	072
スープカレー	074
辛揚げそば＆鮭つけそば	076
きのこたっぷりリガトーニ	078
簡単モンブラン	080
クリームメープルサンド	081
梨のコンポート	082

冬レシピ

ラムチョップ サルサ風ソース	086
豚巻きレタス	088
タラのバターホイル焼き	090
白子のしゃぶしゃぶ	092
イタリア風おでん	094
キムチ鍋	096
ベーコンと芽キャベツのトマトスープ	098
タコとマッシュルームのアヒージョ	100
大根と水菜のピクルス	102
ブリとタコのカルパッチョ	103
ツナカレーホットサンド	104
マシュマロフォンデュ	106

注意！

肉、魚、卵など生鮮食品は必ず保冷剤を入れたクーラーボックスに入れて持参しましょう。現地では、直射日光があたらない場所に置き、清潔な調理道具を使用して調理ください。

炭火のおこし方

「炭火をおこすのが苦手」という人、結構いますよね。でも、あるコツさえ知っていれば実は難しくないんです。それは何かと言うと…「炭の赤くなった部分に、別の炭をくっつけていく」こと。"くっつける"がポイントです。"近く"に置いても何も起きません（笑）。炭の特性上、お互いを密着させないと火が移らないんです。逆に言うと、それさえ気をつけていれば、火おこしは意外なほどうまくいきます。

 炭と着火剤、小枝を用意する

着火剤は固形タイプやゼリー状のものがホームセンターで売っています。小枝は近くで拾ってきましょう。

 着火剤の上に小枝を置き、その上に炭を置く

炭は円錐状にセット。空気の通り道ができて火がおきやすくなります。

 ライターで着火剤に着火する

ライターは柄の長いものを。着火剤から炎が勢いよく上がって小枝に燃え移り、しばらくすると、炭の端が赤くなり始めます。

少しずつ炭を足していく

赤くなっている部分にくっつけるように新たな炭を置いていきます。火力が弱いときは、風を送って勢いを出してあげてください。

炭の内部が赤くなり、表面がうっすら白い灰になり始めれば、火おこしは完了。火力が安定して調理に一番適した状態になります。

やけどの可能性があるため、火の周りでは
必ず手袋をはめること（革製がベスト）。

 着火した炭や灰を扱うときは、
火ばさみを必ず使うこと。

 炭は白くなっている状態が一番温度が
高いので注意。

炭の片付け方

そのまま最後まで燃焼させ切るのが一番いいけれど、時間がかなりかかります。時間がないときは、水で消火を。ある程度火力が弱まった炭を火ばさみでつかみ、バケツの水の中にひとつずつ入れて消火していきます。

 後処理

火が完全に消えたのを確認後、場内に炭捨て場がある場合はそこに捨てます。ない場合は自宅に持ち帰って捨てましょう。基本的には「燃えるゴミ」ですが、自治体により違いがあるので要確認。

BBQ COLUMN 02

キャンプ料理の基本アイテム

日帰りBBQを想定して、最低限必要なアイテムをリストアップしました。アウトドア用のアイテムって、最初のうちはいろいろ集めたくなるんですよね。でも僕は、キャンプ料理のために無理して揃える必要はないと思っています。鍋やフライパンなど、家で使っている調理器具をそのまま持って行けば十分だし、炭で汚れるのが気になる人は100円ショップで調達することもできますから。何よりも、手軽に始めてキャンプ料理の楽しさに気づいてもらえることが一番です。

火にまつわるアイテム

- ☐ 炭
- ☐ 枝
- ☐ 着火剤
- ☐ 着火用ライター
- ☐ 手袋
- ☐ 火ばさみ

料理にまつわるアイテム

☐ **グリル**
コンパクトに畳める
タイプがおすすめ。

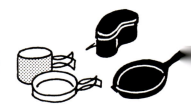

☐ **クッカー**
最初は家にあるものでOK。アウトドア用はコンパクトになったり軽かったりするので、慣れてきたら揃えてみるのはアリです。

☐ **クーラーボックス**
夏のBBQには欠かせません。ホームセンターで安いものが売っています。

- ☐ **トング**
  グリルに食材をのせたり、ひっくり返したりするのに使います。100円ショップで売っています。

- ☐ **包丁**
  使い慣れているものを、タオルにくるんで持って行きます。

- ☐ **まな板**
  持ち運びを考えると薄くて軽いものがいいけれど、なければいつも使っているものでOK。

- ☐ **氷**
  クーラーボックスの保冷剤代わりに。そのまま飲み物に入れたり、溶けたら飲み水としても使えるので便利。

- ☐ **食器**
  割れない木皿やホーローの皿がおすすめ。でも最初は、紙皿でもいいです。

- ☐ **スプーン・フォーク・箸**
  自分が使いやすいもの、食べやすいものを持って行きましょう。

- ☐ **金串**
  串を使う料理に。100円ショップで売っています。

- ☐ **ゴミ袋**
  生ゴミ用、空き缶用など分類して捨てられるよう何枚か用意。

- ☐ **ウェットティッシュ**
  BBQ終わりに食器をさっと拭けば、片付けの時間を短縮できます。家に帰ってから改めて洗いましょう。

あると便利なアイテム

- ☐ **テーブル**
  食材を切るなど、準備するのに便利。低いテーブルはしゃがんで調理することになるので、初心者の人は高いほうがおすすめ。

- ☐ **チェア**
  座るのはレジャーシートでも木の切り株でもいいんですが（笑）、チェアがあるとゆったりできます。

- ☐ **タープ**
  日帰りならば基本的に必要ないですが、雨が心配な日や、陽射しが強い日には心強いアイテム。食材の日除けにもなります。

BBQ RECIPE 01

SPRING

桜に新緑、美味しい山菜。春はキャンプ＆BBQ入門にぴったり

穏やかな気候なので、初めての人は春からBBQにチャレンジしてみるのがベストかもしれません。桜が咲いているキャンプ場に行くのもいいですね。春は旬の野菜がたくさん出回る季節。家から食材を持って行くよりも、道の駅などでその土地の採れたてを手に入れるほうがいいと思います。春はフレッシュさを目一杯味わうのが楽しいので、慣れてきたらぜひ、現地で山菜採りにも挑戦してみてください。

鯛のアクアパッツァ

⏱ 40min

みんなが笑顔になる華やかご馳走レシピ

材料

鯛　1尾
ムール貝　8個（ボイル済み冷凍品が便利）
玉ねぎ　1個
ミニトマト　8個
レモン　輪切り　5枚
オリーブ　10個
ケッパー　小さじ2
にんにく　1〜2かけ
白ワイン　200ml
オリーブオイル　大さじ2
塩　適量

作り方

下準備

鯛はあらかじめウロコとはらわたを取り持参（購入した店で下処理してもらえる）。手軽に切り身でもOK。

1. フライパンにオリーブオイル、スライスしたにんにくを入れ、香りが出るまで弱火で熱する。

2. にんにくを取り出し、鯛の両面を軽く焼き色がつくまで中火で焼く。

3. 薄切りにした玉ねぎ、ムール貝を加え、白ワインを回しかける。

4. レモンをのせ、ミニトマト、オリーブ、ケッパー、塩を入れ、弱めの中火にして蓋をする。途中、汁気がなくなったら水を足す。

5. 鯛に火が通ったら味を見て、足りないようなら塩を足す。

SPRING RECIPE

ASUWA's CHECK

鯛は春に出回る桜鯛がおすすめ。最初に焼くことで皮が香ばしくなり風味が増します

初鰹の焚火たたき

焚火で炙れば美味しさも気分もアップ

🕐 10min

材料
- 生鰹　1柵
- みょうが　2個
- にんにく　1かけ
- かいわれ大根　適量
- 醤油、ポン酢（お好みで）　適量

作り方

1. みょうがは千切り、にんにくは輪切り、かいわれ大根は根元を切り落とす。

2. 鰹に金串を末広にさす。

3. 焚火の上で鰹を焼く。強火の遠火で軽く焼き色をつけるように炙る。

4. 身を切り分け薬味を散らし、お好みで醤油かポン酢を添える。

SPRING RECIPE

\\ ASUWA's CHECK //

鰹は腹側の身がジューシーですが、初心者は身がくずれにくい背側がおすすめ

グリルハーブチキン

⏱ 20min~30min

前日に漬けておくので、あとは焼くだけ！

材料

手羽元　8本
オリーブオイル　大さじ5
ミックスドライハーブ　大さじ1
粗びき黒胡椒　小さじ1
塩　小さじ2

作り方

下準備
食品保存袋にすべての材料を入れ、軽くもみこみ冷蔵庫で一晩寝かせる。

1　マリネした手羽元を常温に戻す（直射日光を避け、長時間出しっぱなしにしないよう注意）。

2　加熱したグリルの上にのせ、じっくり焼く（金串をさし、中まで火が通っているか確認）。

まるごと新玉のバター醤油焼き

⏱30min

ほっこりした甘さは新玉ねぎならでは

材料

新玉ねぎ　1個
バター　1かけ
醤油　適量
きざみパセリ　適量

作り方

1　玉ねぎの皮をむき厚めのホイルで包む。

2　グリルにのせ焼く。
　　指で押してやわらかければ焼き上がり。

3　ホイルを開き、玉ねぎに十字の切り目を入れる。

4　バターをのせて醤油をかけ、パセリを散らす。

SPRING RECIPE

\\ ASUWA's CHECK //

じっくり弱火で焼くと甘味が増し美味しさUP

山菜天ぷら

20min

現地調達！　摘みたて山菜でどうぞ

材料

山菜（ふきのとう、タラの芽などお好みで）　適量
植物油　適量
塩　適量
〈天ぷら衣〉
薄力粉　1/2カップ
水　80ml
マヨネーズ　大さじ1

作り方

1　食品保存袋に天ぷら衣の材料を入れ、さっと混ぜる。

2　シェラカップに植物油を6分目まで入れ、グリルにのせる。

3　山菜を竹串にさして衣を薄めにつけてカリッと揚げる。

4　キッチンペーパーで油を切る。塩を添える。

SPRING RECIPE

ASUWA's CHECK

衣に入れる卵をマヨネーズに替えることでさっくりした仕上がりに。野外で採った山菜を使う場合は水でさっと洗って水気をしっかり切ること！

フキと新じゃがのコンソメスープ ⏱30min

春の肌寒さもこのスープがあればOK

材料
フキ水煮　100g
新じゃがいも　2個
玉ねぎ　1/4個
ベーコン　2枚
コンソメ顆粒　小さじ1
バター　1かけ
塩・胡椒　適量

作り方

1. じゃがいもは皮ごと乱切り、玉ねぎは縦に5mm幅に切り、ベーコンは1cm幅に切る。

2. 鍋に水600ml（分量外）、フキ、じゃがいも、玉ねぎ、ベーコン、コンソメを入れ火にかける。

3. 沸騰したらアクを取り、蓋をしてじゃがいもがやわらかくなるまで弱火で煮込む。

4. 塩、胡椒で味を調え、バターを加える。

SPRING RECIPE

\\ ASUWA's CHECK //

生のフキを使う場合は板ずりをし、茹でて水にさらし皮をむいて使用する

春野菜のホットサラダ

⏱ 15min

やわらかな春野菜の甘みを楽しんで

材料

春キャベツ（小さめ）　1/6個
アスパラガス　2本
スナップエンドウ　6個
豚バラ薄切り肉　3枚
醤油・塩・オリーブオイル　適量
にんにく（お好みで）　1かけ

作り方

1. 春キャベツはざく切りに、アスパラガスは固い部分を切り落とし4等分に切り、スナップエンドウは筋を取り、豚バラは4等分に切る。

2. 鍋に春キャベツ、アスパラガス、スナップエンドウ、水大さじ2（分量外）を入れる。お好みでスライスしたにんにくを加え、豚バラ肉をのせ蓋をしてやや中火で蒸す。

3. キャベツのかさが減り、豚バラ肉に火が通ったら火から下ろす。

4. 皿に盛り醤油、塩、オリーブオイルをかける。

焼き筍

 30min

口の中に春が広がるお手軽絶品レシピ

材料

筍（小〜中）　2本
醤油・鰹節・糸唐辛子　適量

作り方

1 グリルに皮ごとの筍をのせ、ときどき裏表を返しながら焼く。

2 皮が真っ黒になるまでじっくり焼く。竹串がさっとさされば焼き上がり。

3 縦半分に切り、醤油をかけ鰹節、糸唐辛子をのせる。

ASUWA's CHECK

竹林のあるキャンプ場では筍が採れる。
採る場合は許可を取ってから！

こごみのマリネ

🕐 35min

キャンプ場で見つけた山菜で春味マリネ

SPRING RECIPE

材料
こごみ　適量
ポン酢・塩・オリーブオイル　適量

作り方

1　こごみをさっと水にさらして水気を切る。茎が長い場合は半分に切る。

2　1にポン酢と塩で味を調えたら、オリーブオイルを回しかけ15〜30分おく。

ASUWA's CHECK

近くに生えている土筆を摘んで作っても◎。その場合、ハカマを取ってさっと茹で、水気を切ってからマリネにする

シラスとホタルイカのサラダ

⏱ 10min

レモンで爽やかに仕上げる海の幸サラダ

材料

釜揚げシラス　30g
茹でホタルイカ　50g
リーフレタス　1パック
玉ねぎ　1/4個
ミニトマト　4個
レモンの皮　1/6個分
塩・オリーブオイル　適量

作り方

1　リーフレタスは食べやすい大きさに、玉ねぎは薄切り、ミニトマトは縦4等分に切る。

2　レモンの皮は白いワタを少し残してみじん切りに。

3　シラス以外のすべての材料を混ぜ合わせる。

4　上からシラスを散らす。

\\ ASUWA's CHECK //

レモンの皮の白いワタ部分も入れることで苦味もプラス

鯵なめろうの磯辺巻

10min

自分で釣った魚で作ると楽しさ倍増

材料

刺身用鯵　1匹分
みょうが　1個
ネギのみじん切り　大さじ2
味噌　小さじ2
料理酒　小さじ1
焼きのり　適量

作り方

1　みょうがは千切りに、鯵は粗めのみじん切りにする。

2　2の鯵とネギ、味噌、料理酒を混ぜる。

3　のりに3をのせ、みょうがを散らす。

SPRING RECIPE

のりはなめろうをのせる直前に軽く炙ると◎

コンビーフコールスローサンド

持参した具材をバゲットにはさむだけ！

材料	バゲット　1/2本 コールスロー　適量 コンビーフ　1/2缶 塩　適量

作り方
1. バゲットを縦半分に切り分ける。
2. 片方にコンビーフを塗り広げ、もう片方にコールスローをのせ、軽く塩をふりサンドする。

コールスロー　（作りやすい分量）

材料
キャベツ　1/8個
玉ねぎ　1/4個
にんじん　1/2本
コーン　70g
マヨネーズ　大さじ3
粒マスタード　大さじ1
はちみつ　小さじ1
オリーブオイル　大さじ1
塩　2つまみほど

作り方
1. キャベツ、にんじんは千切りに、玉ねぎは薄切りにする。
2. 食品保存袋にすべての材料を入れて混ぜ合わせ、冷蔵庫に入れておく。

ASUWA's CHECK

このままでも美味しいですが、バゲットは焚火で炙ると香ばしくなり、美味しさUP!

SPRING RECIPE

バノック

⏱ 30min

もっちり美味しい、ブッシュクラフトでは定番のパン

材料
※直径16cmのスキレット使用
薄力粉　1カップ
砂糖　小さじ1
塩　ひとつまみ
ミックス無塩ナッツ　30g
バター　適量
はちみつ、ピーナツバター（お好みで）

作り方

1　ナッツは粗刻みする。

2　スキレットにアルミホイルをしき、バターを塗る。

3　2に薄力粉、砂糖、塩を入れ、水（分量外）を加え混ぜる。水は生地が耳たぶくらいの固さになるまで生地の状態を見ながら加えていく。

4　3にナッツを加えて混ぜたら、蓋をして弱火で20分ほど焼く。途中裏返す。

5　熱いうちに切り分け、はちみつをかける。ピーナツバターも◎

※サクッと仕上げたい場合はベーキングパウダー小さじ1を薄力粉と合わせる。

SPRING RECIPE

ASUWA's CHECK

ナッツ以外でも、クルミや松の実など野にあるもので応用できる

いちごのパンケーキ

⏱ 15min

いちごのはちみつ漬けでワンランク上のパンケーキ

材料

※直径16cmのスキレット使用
いちご　1パック
はちみつ　大さじ3
ホットケーキミックス　150g
バター　適量

作り方

下準備
食品保存袋にいちごを入れはちみつをまぶして一晩寝かせる。

1. ホットケーキミックス、水100ml（分量外）、はちみつ漬けいちご8個をフォークで軽くつぶして混ぜる。

2. フライパンにバターをしいて、蓋をして弱火で両面焼く。

3. 仕上げに残りのはちみつ漬けいちごをのせる。

SPRING RECIPE

\\ ASUWA's CHECK //

いちごははちみつに漬けておくと殺菌作用で10日ほどもつ。他の果物でもOK

味見は2回でワンセット

昔から味見はたくさんします。何回も何回も味見しながら作れば、料理ってそんなに失敗しないんです。キャンプでは魚も山菜も現地調達することが多いんですが、毎回大きさも違えば、どれくらい育ってるかも違う。だから調味料とかも正確でなくていい。何回も味見して作っていくんです。
味見は必ず2回でワンセット。普通は調味料入れてから味見することが多いですよね。でもそうすると、入れた後しかわからないじゃないですか。どうしてこういう味になったのかがわからない。入れる前に味見をする。で、入れたあとも味見をする。そうしないと、どれくらい変わったのかがわからない。
たとえばスープにコンソメとか動物性の脂が入ってたりすると、塩味を感じにくかったりするんです。舌に脂がつくから。そういう場合こそ、前後で味見すると「あ、こんだけ塩入れたけどこんだけしか変わらない」「こんだけ入れるとこんなに変わる」がわかる。必ず前後で味見が必要なんです。

SUMMER

夏はとにかくビールがうまい
がっつり系の料理がおすすめ

夏のBBQってほんっと暑いんですけど、いいんですよ。海パンいっちょで寝ても風邪引かないし、川に入ったり、海に入ったり、一番開放感に浸れる季節です。そして何より、ビールがうまい！　ビールに合うようながっつり肉系やにんにくを効かせた料理も紹介しているので、ぜひ試してほしいです。飲みすぎて手もとがおぼつかなくなる可能性があるので、酔っぱらう前に作りたいところです。

BBQ RECIPE 02

牛ステーキのクレソンソース

⏱ 30min

気分があがる！　ゴージャス肉料理

材料

ステーキ用の牛肉　500g
（厚みのある肉のほうが◎）
岩塩・粗びき黒胡椒　適量
〈クレソンソース〉
クレソン　2本
焼き肉のたれ　大さじ2
赤ワイン　大さじ2
バター　1かけ

作り方

1. 牛肉は調理前に常温に戻す（直射日光を避け、長時間出しっぱなしにしないよう注意）。

2. 小鍋に焼き肉のたれ、赤ワイン、バターを入れ、中火にかけ沸騰させる。

3. 火を止め、みじん切りにしたクレソンを加える。

4. 牛肉の筋を4、5カ所切り、岩塩、粗びき黒胡椒をふる。

5. 熱したグリルにのせ、全体をじっくりと焼く。

SUMMER RECIPE

ASUWA's CHECK

焼き上がり後、火から外しアルミホイルでくるみ、4～5分ほど寝かせると、肉汁が落ち着き全体にジューシーな仕上がりに！
肉の焼き加減はお好みで。指で押し、弾力で確かめる。深くへこむくらいやわらかければレア、少し押し戻されるような軽い弾力があればミディアム、堅めの弾力があればウェルダン

ローストポーク

⏱ 60min

最初に仕込んでじっくり焼くだけ！

材料
豚ヒレ固まり肉　500g
岩塩　約大さじ１
胡椒・ミックスドライハーブ　適量
粒マスタード　適量
オニオンスライス　（お好みで）

作り方

1. 豚肉は調理前に常温に戻す（直射日光を避け、長時間放置しないよう注意）。

2. 豚肉の表面に岩塩、胡椒、ミックスドライハーブをまぶし厚めのホイルで包む。

3. グリルの端の火力が弱い場所でじっくり40分ほど焼く。金串を豚肉の中心部分にさし5秒ほどで引きぬき、下唇にあて熱くなっていたら焼き上がり。

4. 焼けたらグリルから外し、10分ほどホイルに包んだままおいておく。

5. 4を切り分け、粒マスタードを添える。お好みでオニオンスライスを添えても◎。

SUMMER RECIPE

ASUWA's CHECK

焼き上がってからホイルに包んでおくとしっとりとした仕上がりに

パプリカとクリームチーズの豚巻き ⏱20min

パプリカの甘みが最高！ クセになる１品

材料
パプリカ　2個
豚バラ薄切り肉　8枚
クリームチーズ
（四角形カットタイプ）　8個
岩塩　適量

作り方

1　パプリカのヘタと種を取り、縦に8等分にくし切りにする。

2　パプリカの内側に、半分に切ったクリームチーズをのせる。

3　長さを半分に切った豚バラ肉を2に巻き、金串にさす。

4　加熱したグリルにのせ焼く。

5　片面が焼けたら裏返し、塩を多めにふって焼く。

SUMMER RECIPE

\\ ASUWA's CHECK //

パプリカの歯ごたえが残るよう豚肉が焼けたら火から外そう

夏野菜の塩昆布炒め

10min

味付けは塩昆布のみでこの美味しさ！

材料

ナス　1本
トマト　1個
ピーマン　2個
ししとう　5本
にんにく　2かけ
塩昆布　大さじ2
ごま油　大さじ2

作り方

1　ナスはヘタを取り乱切り、トマトは2cm角切り、ピーマンは太め縦切り、ししとうはヘタを切り落とし、にんにくは皮をむいてざく切りにする。

2　熱したフライパンにごま油をしき、すべての野菜を入れ強火で炒める。

3　仕上げに塩昆布を入れ、さっと炒める。

ASUWA's CHECK

塩味が足りない場合は醤油を回しかけ香りを出すと◎

枝豆ととうもろこしのホイル焼き 25min

夏の定番を一味違ったテイストで

材料
枝豆　適量
とうもろこし　適量
塩・黒胡椒　適量

作り方

1　とうもろこしは長さ1/3に切り、そぎ切りにする。

2　端を折り込んで皿のようにしたホイルの上に、とうもろこし、枝豆をのせ、塩、黒胡椒をふる。

3　ホイルで蓋をしてグリルにのせ20分ほど焼く。

SUMMER RECIPE

ホイルは厚めのものがおススメ

ズッキーニのとろとろチーズ

⏱ 15min

アツアツ＆トロトロをいただこう

材料

ズッキーニ　2本
トマト　1/2個
とろけるチーズ　60g
オリーブオイル　大さじ1
みじん切りパセリ　適量
塩　適量

作り方

1　ズッキーニを1cm幅、トマトを5mm幅に切る。

2　フライパンを中火で熱してオリーブオイルをしき、ズッキーニを入れ両面をじっくり焼く。

3　2にトマトも並べ、チーズをのせ、蓋をしてチーズがとろけるまで焼く。

4　塩をふりパセリを散らす。

ソラマメのラタトゥイユ

⏱ 30min

隠し味のはちみつで旨さとコクがアップ！

材料

ソラマメ　4本
ズッキーニ　1本
玉ねぎ　1/2個
カットトマト缶　1缶
はちみつ　小さじ2
オリーブオイル　適量
ミックスハーブ・塩・胡椒　適量

作り方

1. ソラマメはさやから豆を出す。ズッキーニは1cm弱の輪切りに、玉ねぎはくし切りにする。

2. ソラマメは皮ごと、少し焦げ目がつくまで焼く。

3. 鍋にオリーブオイルをしき、ズッキーニと玉ねぎを炒める。

4. 3に2と塩、胡椒以外の残りの材料を入れ、蓋をして弱火〜中火で煮込む。

5. ズッキーニ、玉ねぎがやわらかくなったら塩、胡椒で味を調える。

SUMMER RECIPE

\\ ASUWA's CHECK //

ソラマメの皮が気になる人はむいてから使用しても◎

ツナとじゃがいものアンチョビ和え ⏱20min

じゃがいもを茹でて和えるだけ！

材料

ツナ缶　1缶
じゃがいも　大2個
アンチョビ　5本
パセリ　適量

作り方

1. じゃがいもを丸ごと茹でて皮をむき、8等分に切り分ける。

2. 1に汁気を切ったツナ、粗刻みしたアンチョビを加え混ぜる。

3. みじん切りにしたパセリを散らす。

ASUWA's CHECK

じゃがいもが熱いうちに材料を混ぜると味がなじみ美味しさUP

梅ごま油の冷奴

⏲ 5min

梅と揚げ玉で小料理屋のような1品に

材料

豆腐　小さめ2丁
大葉　2枚
揚げ玉　適量
〈梅肉たれ〉
梅肉　小さじ1
ごま油　大さじ2
鰹だし顆粒　小さじ1/2

作り方

1　梅肉たれはすべての材料を混ぜる。

2　豆腐に梅肉たれをかける。

3　揚げ玉と、千切りにした大葉をのせる。

SUMMER RECIPE

\\ ASUWA's CHECK //

梅肉タレは前日に作っておくとさらに
お手軽に

青唐辛子の味噌マヨ和え

🕐 5min

ピリッと爽やかな辛味でビールが進む！

材料

青唐辛子　10本
〈味噌だれ〉
味噌　小さじ2
マヨネーズ　小さじ2
ごま油　小さじ1

作り方

1 青唐辛子はヘタを切り落とし半分の長さに切る。

2 味噌だれのすべての材料を混ぜ合わせる。

3 1と2を和える。

\\ ASUWA's CHECK //

ししとうや甘長唐辛子でも可

アボカドとプチトマトの簡単浅漬け 10min

麺つゆで美味しい浅漬けの出来上がり！

材料

アボカド　1個
プチトマト　10個
麺つゆ　適量

作り方

1　アボカドは縦半分に切って種を取り出し、皮をむいておく。

2　プチトマトは皮に十字の切れ目を入れ、湯むきする。

3　1と2を食品保存袋に入れ、具材が浸るぐらい麺つゆを注ぐ。

4　冷蔵庫で一晩寝かせ、キャンプ地で盛りつける。

ASUWA's CHECK

麺つゆはそばを食べるときと同じ濃度で

SUMMER RECIPE

ガーリック焼きそば

⏱ 20min

夏バテも吹っ飛ぶゴロゴロガーリック

材料

焼きそば用蒸し麺　2玉
玉ねぎ　1/2個
キャベツ　小さめ1/6個
豚こま切れ肉　100g
にんにく　6かけ
ビール　100ml
植物油　大さじ2
中華だし顆粒　小さじ2
塩・胡椒　適量
万能ねぎ　適量

作り方

1. キャベツはざく切り、玉ねぎはくし切り、にんにくは皮をむき半分に切る。

2. フライパンに植物油、にんにくを入れ弱火でじっくり香りを出す。

3. にんにくに焼き色がついたら中火にして豚肉を炒める。

4. 玉ねぎ、キャベツの順に加えて炒める。

5. 4に麺を入れ、ビールを回しかけて麺をほぐし炒める。

6. 中華だし、塩、胡椒を加えて味を調え、小口切りにした万能ねぎを散らす。

SUMMER RECIPE

\\ ASUWA's CHECK //

ビールでほぐすことでコクが出て旨みUP

アウトドアでコーヒーを！

1960年代にドリップコーヒーが登場する前は、水を入れたヤカンにローストして粗挽きしたコーヒー豆をそのまま入れ、煮出したものを飲んでいたとのこと。専用の器具などが必要ないので、荷物をできるだけ少なくしたい阿諏訪流キャンプでは、いつもこの淹れ方です。外で飲むコーヒーは格別なので、ぜひトライしてみて。

材料

コーヒー豆　1つかみ
水　カップ1

作り方

1　コーヒー豆を布で包み、石で砕く。

2　ケトルやクッカーなどに、1と水を入れ火にかける。

3　弱火でゆっくり煮出し、沸騰したら火から外して3分ほどおく。

4　再度火にかけ、泡が立ってきたら火から外す。

5　豆が底に沈んだら出来上がり。

砕いた豆がカップに入らないよう静かに注ごう。

AUTUMN

美味しい食材がいっぱいの秋
あたたかいメニューも用意して

きのこもいいし、栗も秋刀魚もうまい。秋は美味しいものがいっぱいの季節です。そして紅葉がまあ、見事で。すごいときは、真っ赤な世界に包まれてのBBQになります。ただしひとつの場所の一番いい紅葉の時期って一週間くらいなので、事前に調べることをおすすめします。肌寒くなってくるので、スープ系や煮込み、ホットドリンクなど体があたたまるものをメニューに入れておくといいですね。

BBQ RECIPE 03

AUTUMN RECIPE

ナスの器のミートソース

🕒 25min

ナス&ミートソースは最高コンビ！

材料
ナス　2本
市販ミートソース　大さじ6
とろけるチーズ　適量
オリーブオイル　適量

作り方

1. ナスに切り込みを入れオリーブオイルをたらし、弱火でころがしながらじっくり焼く。

2. ナスがやわらかくなったら切り込みをひらき、ミートソースをはさむ。

3. 2にチーズをのせ焼く。チーズが溶けたら出来上がり。

AUTUMN RECIPE

\\ ASUWA's CHECK //

ナスに切り込みを入れるとき、下まで切らないよう注意

牛すね肉の赤ワイン煮込み

⏱ 80min

アウトドア版　素敵なおもてなしレシピ

材料

牛すね肉　800g
赤ワイン　1本（750ml）
にんじん　1本
玉ねぎ　1/2個
セロリ　葉部分2本
ローズマリー　1枝
小麦粉　適量

オリーブオイル　大さじ1
バター　30g
はちみつ　大さじ1
にんにく　1かけ
マッシュルーム　10個
ほうれん草　1株
塩・胡椒　適量

作り方

下準備
乱切りにしたにんじんと玉ねぎ、牛すね肉、赤ワイン400ml、セロリ、ローズマリーをすべて食品保存袋に入れ、一晩冷蔵庫で寝かす。

1. 牛肉は調理前に常温に戻しておく（直射日光を避け、長時間出しっぱなしにしないよう注意）。
2. 牛肉を袋から取り出し、キッチンペーパーで水分をふき取る。5cm角に切り分け、塩、胡椒をして小麦粉をまぶす。余計な粉ははたき落とす。
3. ダッチオーブンに、薄切りにしたにんにく、オリーブオイルを入れ弱火にかけ香りを出す。牛肉を入れ、中火で表面に焼き色がつくまで焼いたら取り出す。
4. 付け合わせ用のほうれん草をさっと炒めて取り出す。
5. マッシュルームを入れ炒め、そこに牛肉、にんじん、玉ねぎを加える。
6. 保存袋の赤ワインと残りの赤ワインを加えたら蓋をして30分ほど弱めの中火で煮込む。
7. 弱火にしてさらに30〜40分ほど牛肉がやわらかくなるまで煮込む。沸騰させないよう、火加減を調整する。
8. バター、はちみつを加え、塩、胡椒で味を調える。付け合わせのほうれん草をダッチオーブンに戻したら出来上がり。

AUTUMN RECIPE

鶏肉とかぼちゃのバター炒め

⏲ 25min

バター醤油でこっくりした旨味をプラス

材料

鶏モモ肉　1/2枚
かぼちゃ　1/8個
バター　1かけ
醤油　適量

作り方

1　鶏肉を一口サイズに、かぼちゃは1cm幅に切る。

2　フライパンを熱しバターを入れ、溶けたらかぼちゃを弱めの中火でじっくり両面焼く。

3　かぼちゃを端に寄せ、鶏肉を皮面から入れしっかり焼く。

4　焼けたら醤油を軽く回しかける。

AUTUMN RECIPE

\\ ASUWA's CHECK //

鶏肉、かぼちゃはカットしてから持っていけばさらに簡単

エビとマッシュルームのクミン炒め 🕒20min

クミンを効かせてエスニックな仕上がりに

材料
エビ（ブラックタイガー）　5尾
マッシュルーム　4個
クミンシード　小さじ1
オリーブオイル　小さじ2
白ワイン　適量
塩・胡椒　適量

作り方

1　エビの足を取る。マッシュルームは汚れをふき取り、石づきを切り落とす。

2　フライパンを中火で熱したらオリーブオイルをしき、1のエビを焼く。

3　2に白ワインを回しかける。

4　3にマッシュルームを入れて炒める。

5　クミンシード、塩、胡椒を加える。

AUTUMN RECIPE

鯖缶アクアパッツァ

⏲ 20min

超簡単！失敗しない鯖缶のアクアパッツァ

材料

鯖水煮缶　1缶
ミニトマト　5個
マッシュルーム　4個
輪切りレモン　1枚
にんにく　1かけ
ローズマリー　1枝
白ワイン　100ml
オリーブオイル　大さじ1
塩　小さじ1/2
胡椒　適量

作り方

1　マッシュルームは汚れをふき取り、石づきを切り落とす。

2　ミニトマトのヘタを取り、マッシュルームは縦半分に切り、にんにくは薄切りにする。

3　鍋ににんにくとオリーブオイルを入れ弱火にかけ、香りが出たら汁気を切った鯖を入れて炒める。

4　鯖に軽く焦げ目がついたら、トマト、ローズマリー、白ワインを加える。

5　蓋をして5分ほど煮込む。

6　塩、胡椒で味を調え、輪切りレモンを添える。

AUTUMN RECIPE

ASUWA's CHECK

缶詰はもし使わなくても持って帰って家で使える便利アイテム

焼き秋刀魚 イタリアンソース

⏰ 30min

秋刀魚がオシャレなイタリアン風に変身

材料

秋刀魚　2尾
塩　適量
〈イタリアンソース〉
トマト　1/4個
玉ねぎ　1/8個
レモン　輪切り1枚
オリーブオイル　適量
ミックスドライハーブ　1つまみ
塩　小さじ1/4

作り方

1　ソースを作る。トマト、玉ねぎ、レモンをみじん切りにし、残りの材料と混ぜ合わせる。

2　秋刀魚は焼く20分ほど前に塩を少々両面にふりかけておく。

3　秋刀魚から出た水分はキッチンペーパーでふき取る。

4　加熱したグリルで両面焼く。

5　ドレッシングを添えて出来上がり。

AUTUMN RECIPE

\\ ASUWA's CHECK //

秋刀魚をときは皮が網にくっつかないようにトングで揺するようにすると◎

銀杏ガーリック

⏱ 10min

ガーリックで後引く美味しさのおつまみ

材料

殻むき銀杏　150g
にんにく　1かけ
オリーブオイル　小さじ2
塩・胡椒　適量

作り方

1　にんにくをみじん切りにする。

2　1とオリーブオイルをフライパンに入れ、
　　弱火からじっくり火を入れる。

3　にんにくの香りが出たら
　　銀杏を加え炒める。

4　塩、胡椒を軽くふる。

ごはんを炊こう

難しく感じるかもしれないけど、コツさえつかめば、意外と簡単なキャンプでの炊飯。炊き立てごはんはそれだけでご馳走。シンプルな白いごはんもいいし、アサリの缶詰やなめこで炊き込みごはんもできるし、エンドウ豆で豆ごはんなど、レパートリーもいろいろ。炊き込みごはんは水を少し減らして、醤油と顆粒だしを入れるだけで充分！キャンプ料理がさらに美味しくなるので挑戦してみる価値大！

作り方

1 無洗米を米の2割増しの水につけ、30分水を吸わせる。

2 鍋（クッカー）に入れ、蓋をして重しをのせ強火にかける。

3 吹きこぼれが少なくなったら蓋をあけ、水分量を確認する。

4 米の表面に水が見えなくなったら火から下ろす。見えるようならそのまま火にかけ様子を見る。

5 10分蒸らす。

スープカレー

⏱ 40min

定番カレーも新鮮＆自慢の1品に！

材料

手羽元　4本
トマト　1個
じゃがいも　1個
玉ねぎ　1/2個
にんじん　1/2本
ししとう　4本
カレールー　1かけ
おろしにんにく　小さじ1
おろし生姜　小さじ1
オリーブオイル　大さじ1
塩　小さじ1/2
胡椒　適量

作り方

1. トマトは1cm角、じゃがいもは皮付きのまま4等分、玉ねぎはみじん切り、にんじんは乱切り、ししとうはヘタを切り落とす。手羽元は塩、胡椒をする。カレールーは刻む。

2. 鍋にオリーブオイル、にんにく、生姜を入れ弱火にかけ香りを出す。

3. 2に手羽元を入れ、表面に焼き色がつくまで焼いたら取り出す。ししとうを入れて焼き目がついたら取り出す。

4. 玉ねぎを入れ強火にして混ぜながら、しんなりと茶色くなるまで炒める。

5. トマトを加える。中火にしてトマトの水分を飛ばすように手を休めず混ぜる。

6. 湯を注ぎ、なべ底、側面をこそぎ取るようによく混ぜる。

7. 手羽元、残りの野菜、カレールーを加え、蓋をして中火で煮込む。

8. 味を見て足りなければ塩、胡椒を加えて調える。

AUTUMN RECIPE

ASUWA's CHECK

トマトはしっかり水分を飛ばすことで旨みが濃縮される

辛揚げそば

⏱15min

揚げ玉がいい仕事してる大人のそば

材料（1人分）
- そば　1玉
- 揚げ玉　20g
- ラー油　小さじ2
- 一味　適量
- 針のり　適量
- 麺つゆ　適量

作り方
1. フライパンに揚げ玉、ラー油、一味を入れ中火で炒める。
2. 茹でたそばを水にさらし、水気を切って皿に盛る。
3. 2の上に1と針のりをのせ、麺つゆを添える。

鮭つけそば

⏱10min

濃厚つけ汁で箸が止まらない旨さ

材料（1人分）
- そば　1玉
- 麺つゆ　適量
- 鮭フレーク　大さじ2
- すりごま　小さじ1
- 万能ねぎ小口切り　小さじ1
- 糸唐辛子　適量

作り方
1. 麺つゆにすべての材料を加え、つけ汁を作る。
2. 茹でたそばを水にさらし、水気を切って皿に盛る。

\\ ASUWA's CHECK //
茹でずに水でほぐすだけの麺を使うのもあり

AUTUMN RECIPE

きのこたっぷりリガトーニ

⏱ 30min

きのこたっぷり！秋を味わうパスタ

材料

- リガトーニ　160g
- 舞茸　1/2株
- しめじ　1/3株
- エリンギ　1本
- 厚切りベーコン　50g
- オリーブオイル　適量
- 塩・胡椒　適量

作り方

1. 舞茸、しめじは小分けにし、エリンギは手でさいておく。
2. ベーコンは縦4cm、幅1.5cmに切り分ける。
3. フライパンを中火で熱したらオリーブオイルをやや多めに入れ、ベーコンをひとまわり小さくなるまでじっくりと炒める。
4. きのこ類を加え、塩をひとつまみ入れ炒める。
5. 茹でたリガトーニ、茹で汁100mlを加え炒める。
6. 塩、胡椒で味を調える。

AUTUMN RECIPE

\\ ASUWA's CHECK //

ベーコンは焦げる寸前、こんがりするまで炒めること！ペンネなどのショートパスタでもOK

簡単モンブラン
⏱ 20min

みんな大好き！栗のデザートを召し上がれ

材料

蒸し栗　15個（約140g）
牛乳　大さじ3
砂糖　小さじ1
クラッカー　8枚

作り方

1　蒸し栗を手で軽く割る。

2　小鍋に1と牛乳、砂糖を入れ弱火にかける。

3　ふつふつとしてきたら火からおろし、
　　スプーンやフォークなどで栗をつぶす。

4　クラッカーにのせる。

ASUWA's CHECK

山で栗を拾って作るのも楽しい。その場合は栗を茹でて皮をむいて使用する

クリームメープルサンド

⏲ 10min

炭火で香ばしく炙ったバゲットをスイーツに

AUTUMN RECIPE

材料

バゲット　適量
クリームチーズ　適量
メープルシロップ　適量

作り方

1　バゲットを斜めに切り、両面をさっと焼く。

2　片面にクリームチーズ、メープルシロップをかけサンドする。

\\ ASUWA's CHECK //

お好みでナッツやジャムを加えても◎

梨のコンポート

⏱ 40min

とろける絶品スイーツ！ホットワインもおすすめ

材料

和梨　1個
白ワイン　200ml
水　100ml
レモン　輪切り2枚
砂糖　大さじ1
シナモン　1本

作り方

1. 梨は皮をむき、8等分にくし切りにし芯を取る。

2. 鍋にすべての材料を入れ、蓋をして火にかける。

3. ふつふつしてきたら弱火で約20〜30分、梨が透き通るまでグリルの端で煮込む。

残ったコンポート液に白ワインを200ml、砂糖小さじ1を足して弱火にかける。沸騰させないように5分ほど煮込んだら、美味しいホットワインの出来上がり！

AUTUMN RECIPE

BBQ RECIPE 04

WINTER

個人的に一番好きな冬キャンプ あつあつの鍋が最高です！

外ごはんをするのに、たぶん一番敬遠されるのが冬。確かに寒くてハードルが高いとは思うんですけど、個人的には一番好きな季節です。焚火が一番ありがたく感じるし、冬でしか味わえない美味しさがあるんですよ。寒い中で食べるあつあつの鍋が最高！ そして熱燗がたまらない！ 寒くてツラいのは夜と朝方なので、日帰りBBQならば全然大丈夫。空気がキレイなのでぜひ、トライしてほしいです。

ラムチョップ　サルサ風ソース

⏱ 20min

焼いたラムもソースを変えるだけで華やか！

材料

ラムチョップ　8本
塩・胡椒　適量
〈サルサ風ソース〉
トマト　1/2個
玉ねぎ　1/2個
焼き肉のたれ　大さじ2強
タバスコ　15滴ほど
パクチー（お好みで）　2〜3本

作り方

1. ソースを作る。トマト、玉ねぎ、お好みでパクチーをみじん切りにし、残りすべての材料と和える。

2. ラムチョップは調理前に常温に戻す（直射日光を避け、長時間出しっぱなしにしないよう注意）。

3. 加熱したグリルにラムチョップをのせ両面焼く。

4. 焼き色がついたら軽く塩、胡椒をし、ソースをのせる。お好みでパクチーを散らす。

WINTER RECIPE

\\ ASUWA's CHECK //

パクチーの根は香りが一番強いので、みじん切りにしてソースに加えると風味UP！

豚巻きレタス

シャキシャキのレタスでお酒に合う軽やかな肉料理に

⏱ 15min

材料
レタス　2枚
豚バラ薄切り肉　4枚
岩塩・胡椒　適量

作り方

1. レタスの葉をクルクル巻いて半分に切り分ける。

2. 1に豚バラ肉を巻きつける。レタスがはみ出ると焦げるので、出ないように注意。

3. 岩塩、胡椒をふって竹串をさし、加熱したグリルにのせ両面焼く。

WINTER RECIPE

ASUWA's CHECK

竹串はハの字にさすと食べやすい。レタスの歯ごたえを残すよう豚肉が焼けたら火から外す

タラのバターホイル焼き

⏱ 30min

ふっくら仕上がるホイル焼きで旬の魚をどうぞ

材料

タラ切り身　2切れ
ほうれん草　2株
舞茸　適量
レモン　1個
バター　2かけ
塩・胡椒　適量

作り方

1. 厚めのホイルにバター1かけを塗り広げる。
2. 1に根元を切ったほうれん草をしき、その上にタラをのせる。
3. 塩、胡椒をふり、舞茸をのせ、半分に切ったレモンをぎゅっと絞りかける。
4. 残りのバターをのせてホイルで包み、網を置いた焚火にのせ弱火で焼く。焼けたらレモンのくし切りを添える。

WINTER RECIPE

ASUWA's CHECK

タラ以外でも白身の魚は旨味を閉じ込めるホイル焼きがおすすめ！

白子のしゃぶしゃぶ

⏱ 15min

熱燗のお供に！　しゃぶしゃぶしてポン酢で召し上がれ

材料

白子
（スジを取った下処理済みのもの）　1パック
白菜　2枚
水菜　1/3株
カツオ昆布だし顆粒　小さじ1/2
ポン酢　適量

作り方

1　白子は一口大に調理ハサミで切り分ける。白菜は一口大に切り、水菜は根元を切り落とし4〜5等分に切り分ける。

2　鍋に白菜、水300ml（分量外）、だしを入れ火にかける。

3　煮立ったら水菜、白子を入れる。

WINTER RECIPE

\\ ASUWA's CHECK //

新鮮な白子はさっと火が通るくらいでOK

イタリア風おでん

⏱ 80min

ホッと温まるおでんを洋風なテイストで

材料
(4人分)

大根　1/2本
じゃがいも　3個
ブロッコリー　小さめ1株
カリフラワー　小さめ1株
市販の牛すじ串
（下処理されたもの）　4〜6本
ウインナー　4〜6本
ローリエ　1枚
ローズマリー　1枝
タイム　3枝
オリーブオイル　大さじ1
コンソメ顆粒　小さじ2弱
塩　小さじ1

作り方

1. 大根は皮を厚めにむいて4cm幅に輪切りにし、片面に十字の切り込みを入れる。

2. じゃがいもは皮付きのまま半分に切る。ブロッコリー、カリフラワーは小房に切り分ける。

3. ダッチオーブンを中火で加熱してオリーブオイルをしき、ウインナーを炒める。

4. 大根、じゃがいも、牛すじ、ハーブ類を加え、水（分量外）をかぶるくらいに入れ、蓋をして弱火で煮込む。

5. 大根がやわらかくなったらブロッコリー、カリフラワー、コンソメ、塩を加え、さらに15分ほど煮込む。

WINTER RECIPE

\\ ASUWA's CHECK //

じゃがいもは煮崩れしづらい
メークインがおすすめ

キムチ鍋

⏱ 30min

寒いほど美味しい辛い鍋、余った食材もブチ込んじゃえ！

材料

キムチ鍋の素　250ml
豚バラ肉　4枚
豆腐　1/2丁
えのき　1/2株
キャベツ　小さめ1/4個
ウインナー　4本
イカ塩辛　大さじ1
にんにく　1かけ

作り方

1　豚バラ肉は半分の長さに、豆腐は4等分、キャベツ、にんにくは半分に切り分ける。えのきは石づきを切り落とし手で軽くほぐす。

2　鍋に1とキムチ鍋の素、水200ml（分量外）、残りすべての材料を入れ、中火で煮込む。

具材を食べたら残った汁でインスタントラーメンを煮込み、キムチラーメンに。溶いた卵を加えても◎

WINTER RECIPE

イカの塩辛を加えて旨みUP！

ベーコンと芽キャベツのトマトスープ ⏱40min

ベーコンの旨味をまとった芽キャベツは絶品

材料

トマト缶（カットタイプ）　1缶
芽キャベツ　20個
じゃがいも　2個
ベーコンブロック　80g
ローズマリー　1枝
コンソメ顆粒　小さじ1
オリーブオイル　大さじ1
塩・胡椒　適量

作り方

1　じゃがいもは皮付きのまま薄め乱切り、ベーコンは1cm幅に切る。

2　鍋にオリーブオイル、ベーコンを入れ弱めの中火でカリカリになるまで炒める。

3　じゃがいもを加え炒める。

4　芽キャベツ、コンソメ、ローズマリー、トマト缶を加え、水（分量外）を材料がかぶるくらいに入れる。蓋をして、芽キャベツがやわらかくなるまで弱火で煮込む。

5　塩、胡椒で味を調え、仕上げにオリーブオイル（分量外）を少々回しかける。

WINTER RECIPE

タコとマッシュルームのアヒージョ ⏱15min

切ってオイルで煮るだけ！塩加減次第でお店の味に！

材料

蒸しタコ　200g
マッシュルーム　10個
にんにく　1かけ
鷹の爪　1本
タイム　3枝
オリーブオイル　適量
塩　小さじ1/4強
胡椒　適量

作り方

1. タコは一口大に切る。マッシュルームは汚れをふき取り、石づきを切り落とす。

2. 軽くつぶしたにんにく、タコ、マッシュルーム、鷹の爪、タイムを鍋に入れ、オリーブオイルを具材の8分目まで加える。

3. やや中火にかけ煮立ったら塩、胡椒を加え、弱火にして2分ほど煮込む。

リゾット

オイルも美味しいので、スライスして焼いたバゲットを添えて。また残ったオイルでお米を炒め、透き通ったら水を足し、煮込んでリゾットにしても◎

WINTER RECIPE

塩は多めに！味見をしながら！

大根と水菜のピクルス

前日夜に仕込んでおくだけで早い！簡単！美味しい！

材料

大根　1/4本
水菜　1株
〈ピクルス液〉
酢　300ml
水　150ml
はちみつ　大さじ2
ローリエ　1枚
鷹の爪　1本
塩　小さじ1/2
黒胡椒ホール　8粒

作り方

1　食品保存袋にマリネ液の材料をすべて入れ混ぜる。

2　大根は皮をむき1cm幅の拍子木切り、水菜は根元を切り落とし4等分に切り分ける。

3　マリネ液に2を漬け込み一晩寝かせ、現地で盛りつける。

ブリとタコのカルパッチョ

 10min

さっと作れるのに彩り鮮やか＆満足度高し

材料

ブリ刺身　1/2柵
生タコ刺身（薄切り）　1/2パック
ミニトマト　3個
ベビーリーフ　2つかみ位
オリーブオイル　適量
塩　適量

作り方

1　ミニトマトを半分に切り、ブリを5mm幅に薄切りをする。

2　皿にベビーリーフ、ブリ、タコ、トマトをのせる。

3　オリーブオイルを回しかけ塩をふる。

WINTER RECIPE

ツナカレーホットサンド

⏱ 15min

カレールーを使ってお手軽なのに驚きの美味しさ

材料

食パン（8枚切り）　2枚
ツナ缶（ノンオイル）　1缶
レタス　2枚
カレールー　1/2かけ

作り方

1　カレールーを細かく刻む。

2　ツナ缶の汁気を切り軽くほぐしたら、カレールーを加えよく混ぜる。

3　食パンにレタスをちぎってのせ、2を広げ、もう1枚のパンでサンドする。

4　ホットサンドパンではさみ、両面をやや強火でさっと焼く。

WINTER RECIPE

\\ ASUWA's CHECK //

強火でさっと焼くことで、外側はカリッと、レタスはしゃきっとした歯ごたえが味わえる

マシュマロフォンデュ

⏲ 15min

牛乳とマシュマロを火にかけるだけで超キュートなデザートに

材料

牛乳　350ml
マシュマロ　20個
好みのフルーツ（いちご、バナナなど）
市販チョコレートソース　適量

作り方

1　小鍋に牛乳とマシュマロを入れ火にかける。

2　ふつふつしてきたら弱火にし、吹きこぼれないよう気をつけながら混ぜる。

3　マシュマロが溶けたらカップや耐熱グラスなどに注ぎ、チョコソースをかける。

4　フルーツをフォンデュする。

BBQ COLUMN 03

焚火のススメ

　僕は焚火が大好きです。この本の冒頭で「僕のキャンプのすべてはごはんのため」と言ったけれど、実はもうひとつ、「焚火をするため」というのもあって。芸人仲間で「焚火会」というキャンプのチームを作っているんですけど、その会では春夏秋冬、夏の暑い日でも必ず焚火をします。メインの場所に大きな焚火を作って、それとは別にそれぞれプライベート焚火を持つくらい、みんな焚火のトリコなんです。

　焚火の魅力は…言葉にするのは難しいけれど、ひとつは自然の中にいる実感を強く得られること。DNAに刻まれている本能的な何かが反応する感じで、ずっと見ていられます。あとは、ひとつとして同じ火がない、というのも惹かれる理由かもしれません。その日の気温や風、木の種類でも違ってきますし。海の流木でおこした火は塩が目にしみる、とかね。どう薪をくべるかによっても火の形が変わってくるので、何度も焚火をしていると、自分が思い描く美しさで燃やしたい！　という、ちょっと芸術的なこだわりの域になっていきます。他の人に任せたくなくて、結果、みんなで行ってもプ

阿諏訪流
焚火のおこし方

「平行型」というやり方が一番おすすめです。まわりに火がいかないのでシンプルに焚き火を楽しめるし、平行に置いた木がゴトク代わりになって鍋を置けるので、調理にも向いています。**木の間隔を変えるだけで火力調整ができるのも◎**。

1 素材を集める

葉っぱや松ぼっくり、小枝、中くらいの太さの枝、太めの枝を拾っていきます。すべて地面に落ちている、朽ちたもので。生きている木から採るのはNGです。

4 着火する

一番下にある葉っぱや松ぼっくりに火をつけて、上の小枝に着火させます。火が消えそうになったら両脇の薪の間隔を狭めましょう。ビル風の原理で風が勢いよく入り込み、火力が増します。

ライベート焚火を作るという…。

そのマイ焚火を使っての料理がまた、最高なんです。木の匂いがついて、炭火よりもワイルドな味わいで。もちろん、焚火料理は炭火の何倍も難しいですよ。すぐに火が弱まったり、逆に強くなったりして、失敗することも多いですし。でも、それが楽しい。僕にとってキャンプは不便を楽しむもので、中でも最高に不便なものが焚火ですから。

下にベーシックな焚火のやり方を紹介しているので、これを読んで興味が湧いた人がいたら、ぜひチャレンジしてほしい。新たな扉が開けるというか、日常とは違った頭の中になって面白いですよ。初心者向けの料理本には載せないような、コアな内容ですけどね（笑）。でも焚火は自分にとって欠かせないものなので、最後にこんなコーナーを作らせてもらいました。この本を読んでくれた人の中から、焚火の面白さに目覚める人がひとりでもいたなら、こんなに嬉しいことはありません！

Let's the fire!

BBQ COLUMN

2 木や枝を切る

一番太い枝（腕の太さくらいがベスト）を、のこぎりで30〜40センチくらいの長さに切り、2本の薪を作ります。中くらいの枝も扱いやすい適度な長さにカットし、小枝は手で折ります。

3 素材を組む

軽く穴を掘り、薪を両端に2本、平行に置きます。その間に火種となる葉っぱや松ぼっくりを置き、小枝をたくさん乗せます。初心者の人は、薪の間隔を10センチ程度に狭めるのがおすすめ。

5 燃え移らせる

火がついた小枝の上に、少しずつ太めの枝を置いていき燃え移らせます。両脇の半分くらいの太さの薪まで火がついたら、調理ができるようになります。火加減は薪の継ぎ足しと、両脇の薪の間隔を変えることで調整できます。

Check!

焚火は直火でやるのが一番楽しいです。ただし直火が許可されていない場所も多いので、そういう場合は"焚火台"という、大きな受け皿のようなアウトドアアイテムの上で焚火をしてください。はじめてで直火が不安、という人にも"焚火台"はおすすめです。

「うしろシティ阿諏訪の 簡単＆絶品！キャンプ料理」
著者　阿諏訪泰義

2018年4月20日　第1刷発行
2021年9月15日　第2刷発行

撮影　平石順一
　　　平岩享（P2、3、14〜17、19、36、55、58、64、65、90、91、98、99、102、108〜111）
フードディレクション・スタイリング　Sachi
料理アシスタント　前田直美
イラスト（P8〜11）といだあずさ

アートディレクション＆デザイン　山本知香子
デザイン　小林幸乃　宮下可奈子（山本デザイン）

撮影協力　ゴッホ向井ブルー
　　　　　小野島徹

制作協力　松竹芸能株式会社
　　　　　湯澤麻貴

発行人　木本敬巳
編集　宮内宏子
編集協力　安部しのぶ
編集補助　柴田夏乃　黒澤香織
販売　片桐由美子
製作　溝下豪人
宣伝　粟村香織

発行・発売　ぴあ株式会社
〒150-0011　東京都渋谷区東1-2-20 渋谷ファーストタワー
☎ 03-5774-5262（編集）
☎ 03-5774-5248（販売）

印刷・製本　凸版印刷株式会社

乱丁・落丁はお取替えいたします。
ただし、古書店で購入したものについてはお取替えできません。
価格はカバーに表示しています。
本書の無断複製・転載を禁じます。
© 阿諏訪泰義／松竹芸能株式会社 2018 Printed in Japan
© ぴあ株式会社 2018 Printed in Japan
ISBN978-4-8356-3861-4